体能让未来更有可能

家庭式
儿童体能训练营
5~6岁 运动技能

U0585115

北京体育大学教授 魏宏文 主 编
奥运冠军 王丽萍 审定推荐

 化学工业出版社
·北京·

内容简介

　　本书是"家庭式儿童体能训练营"系列图书的第四辑，专为 5 至 6 岁儿童设计的基本运动技能训练，包含 24 项素质测试与评估。针对每项动作技能，书中给出了测试评估与日常训练建议，并按准备动作、测试动作和完成动作来逐步讲解运动技能的测试细节，便于家长指导孩子正确运动。

　　本书的作者魏宏文任教于北京体育大学，在竞技体育领域有着丰富的科学化训练研究与实践经验，书中结合了魏教授的专业理论和实践经验，为家长提供了一套科学、实用的儿童体能训练方法。通过科学的指导与系统的训练，家长可以与孩子一起学习正确的动作，为日后更高级的运动技能奠定基础。

图书在版编目（CIP）数据

　　家庭式儿童体能训练营. 5～6岁运动技能 ／ 魏宏文主编. -- 北京：化学工业出版社，2025. 3. -- ISBN 978-7-122-47085-0

　　Ⅰ . G613.7

　　中国国家版本馆CIP数据核字第2025Z8K317号

责任编辑：丰　华　　　　　　　　装帧设计：锋尚设计
责任校对：张茜越

出版发行：化学工业出版社
　　　　　（北京市东城区青年湖南街13号　邮政编码100011）
印　　装：北京瑞禾彩色印刷有限公司
710mm×1000mm　1/16　印张7　字数62千字
2025年6月北京第1版第1次印刷

购书咨询：010-64518888　　　　　售后服务：010-64518899
网　　址：http://www.cip.com.cn
凡购买本书，如有缺损质量问题，本社销售中心负责调换。

定　　价：49.80元　　　　　　　　版权所有　违者必究

编写人员名单

主　　编：魏宏文　北京体育大学教授
参　　编：成　勇　北京市海淀新区恩济幼儿园园长
　　　　　邹蒙辉　北京体育大学教师
　　　　　Abobakr Ravand　北京体育大学体育教育训练学博士
　　　　　王婷婷　北京体育大学体育教育训练学硕士
　　　　　安家言　北京丰台成寿寺小学体育教师
　　　　　李方舟　北京市海淀新区恩济幼儿园一级教师
　　　　　王　斌　少儿体能教练

技术指导

王丽萍　2000年悉尼奥运会女子20公里竞走冠军

视频课程获取说明

亲爱的家长们，感谢您选择"家庭式儿童体能训练营"系列图书。

本系列提供的二维码包含4辑共96节儿童体能训练视频课程，均由专业教练带领适龄儿童一对一示范演示，涵盖4个年龄段，不同年龄适用不同内容！

扫码可以免费体验其中两节视频课程，如果您希望系统、完整地学习全部视频课程，可另行付费购买剩余课程。

我们希望通过体验课程让您更好地了解课程内容和效果，更期待您通过这套科学的体能训练，与孩子一同养成健康的家庭运动习惯，成为彼此优质的陪练伙伴！

感谢您的选择与支持。

祝孩子健康聪明，快乐成长！

科学指南助力健康成长

当前，国家高度重视青少年儿童的身体素质发展，出台了一系列相关政策，将青少年儿童的健康提升到国家战略高度。"家庭式儿童体能训练营"系列图书的出版，正契合这一发展方向，为家庭体能锻炼提供了科学、系统且极具操作性的方案。

本套图书依据不同年龄段儿童的身心发展特点，设计了科学合理的训练内容。从1至3岁的运动启蒙，到6岁前各阶段的动作训练，内容循序渐进，涵盖全面。书中提供了丰富的训练方法，配以详细的图解和视频演示，方便家长理解和操作，并着重强调运动安全，指导家长规避损伤风险，确保孩子在安全的环境中锻炼。

家庭是孩子成长的核心环境，对其身体素质发展至关重要。通过这套图书，家长可充分利用家庭空间与时间，与孩子一起进行趣味盎然的运动游戏，在增进亲子关系的同时，提升孩子的身体素质，培养运动兴趣和习惯，为其终身健康奠定坚实基础。

本套图书的出版，既为家庭提供了科学实用的儿童体能训练指南，也为推动国家青少年儿童体能发展战略目标的实现贡献了一份力量。我们相信，在家长的积极参与下，在"家庭式儿童体能训练营"系列图书的科学指导下，越来越多的孩子将拥有强健的体魄、阳光的心态和美好的未来！

董进霞

北京幼儿体育协会会长

强身健体，从娃娃抓起

作为一名奥运冠军和多年参与青少年体能训练的运动员，我深知儿童早期体能发展的重要性，能够参与"家庭式儿童体能训练营"系列图书及配套视频课程的技术指导工作，并为这套书作推荐，感到无比荣幸。

这套书的作者魏宏文老师，是我非常敬佩的体能训练专家。他拥有北京体育大学的博士学位，并有丰富的实践经验，曾服务于北京女足、国家男女足及各青少年队伍。他一直致力于科学化训练的研究与实践，对儿童和青少年的体适能发展有深刻理解，并将其科学理念融入了本书的每一个细节。

近年来，我国高度重视青少年体育发展，并且出台了一系列政策。这些政策特别强调儿童早期体能发展的重要性，鼓励学校和家庭共同参与，为孩子创造多样的运动机会。

这套图书紧密契合国家的政策导向，将科学的体能训练方法与家庭场景结合，帮助家长在日常生活中培养孩子的运动习惯。魏宏文老师的专业指导保证了内容的科学性与可操作性，不仅帮助孩子增强体能，更在心理、社交等方面促进全面成长。

运动不仅强健体魄，还能培养孩子的自信与专注力。希望"家庭式儿童体能训练营"系列图书及配套的视频课程能走进更多家庭，助力孩子健康成长。

王丽萍

2000年悉尼奥运会女子20公里竞走冠军

科学专业抓好儿童体能训练

我1996年毕业于北京体育大学，并于2009年获得博士学位后留校任教。自那时起，我便一直致力于竞技体育运动员的科学化训练工作，同时也逐渐把目光转向儿童和青少年的体能发展。20多年来，我在北京女足、国家男女足等多个队伍中担任科研教练和体能康复教练，积累了丰富的实践经验。在多年的工作中，我时常感到惋惜：不良的动作习惯如果在儿童时期没有纠正，会对其身体发育和未来的运动能力产生深远影响。这也让我深刻意识到儿童体能训练的重要性。

学龄期体育测试与体能训练的重要性

我国的学龄期体育测试项目通常包括以下5项。

- **50米跑**：考察速度与反应能力
- **立定跳远**：测试下肢力量与爆发力
- **仰卧起坐或引体向上**：评估核心肌群或上肢力量
- **坐位体前屈**：反映柔韧性
- **耐力跑（800米或1000米）**：检测心肺功能

如果孩子没有在幼儿阶段打下良好的体能基础，比如跳跃或跑步姿势不对，很容易在这些测试中表现不佳。此外，不标准的动作会让他们在训练和测试时更加疲劳，甚至引发运动损伤。

标准动作和科学训练的重要性

科学的体能训练不仅是为了让孩子通过测试，更是为了帮助他们建立健康的身体姿态、提高运动能力。每个动作的标准与否，都直接关系到孩子的体能发展和安全性。

在"家庭式儿童体能训练营"系列图书中，根据1至6岁孩子的发育特点，设计了循序渐进的训练内容。1至3岁以亲子游戏为主，建立运动兴趣和基础；3至4岁专注于基本动作模式，如蹲、走、跑等；4至5岁强化动作技能，如跳跃、投掷等；5至6岁则融入运动技巧，为孩子日后的体育活动做好准备。每个训练动作都有难度不同的训练建议，方便家长根据孩子的能力逐步调整。此外，我们还录制了和图书匹配的视频课程，家长和孩子可以随时跟练，保证动作的标准和规范。

不良动作对生长发育的影响

儿童正处于骨骼、肌肉、神经系统发育的关键阶段，如果他们在学步或日常活动中养成不正确的动作模式，可能会导致长期的问题。

- **走路时内八字或外八字**：这种步态容易导致膝关节负荷不均，引发膝内翻或膝外翻，进而影响腿部骨骼的正常发育。
- **跳跃动作不标准**：如果孩子跳起落地时脚跟先着地，膝盖过度内收（膝盖对齐脚趾的原则被破坏），会增加足踝和膝关节的损伤风险。长期如此，还可能导致下肢力量发展不足，影响跑步速度和爆发力。

这些不良的动作不仅对孩子的身体健康造成隐患，还会直接影响他们在学龄期参加体育测试的表现。

呼吁家长从小重视体能训练

我想对每位家长说：体能训练从小抓起，绝不仅仅是为了让孩子健康成长，更是为了培养他们对运动的兴趣和正确的动作习惯。很多家长可能认为跑步和跳跃是孩子的天性，不需要特别训练，但事实证明，如果不掌握科学的方法，错误的动作会慢慢积累，成为未来运动表现的障碍。

希望这套图书能为更多家庭带来科学的体能训练理念，让孩子们在运动中找到快乐和自信，为未来的成长之路打下坚实基础。

魏宏文

北京体育大学教授

目录

家庭亲子健康测试，是一项可以在家中利用最少设备完成的健康评估计划。你无需支付费用请体育教练进行测试，可以随时反复评估孩子的身体素质和运动表现。

儿童早期体能训练，好处多多

体能游戏因为内容丰富、生动活泼而吸引着孩子的兴趣，让他们在运动中收获欢乐，运动目标的达成也能给他们带来成就感。科学研究早已证明，体能训练不仅能让孩子们的身体更健康、长得更高更强壮，而且能促进大脑发育、让孩子更聪明，同时在体能活动中不断克服困难的过程，也可以培养孩子乐观积极、自信勇敢的生活态度。

目前，很多家庭过于重视孩子的学习和成绩，忽略了孩子的体育发展，而家庭环境对孩子的影响往往很深远。为此，我们组织相关领域的教练和专家共同编写了这套儿童体能运动游戏书，针对1~6岁的孩子设置了不同的体能运动锻炼内容，也希望家长们从小重视孩子的体能发展，为孩子健康一生打下坚实的基础。

不同年龄段的孩子有不同的发展阶段和运动窗口期，本套书以儿童必须掌握的基本动作模式，必须学习的基本动作技能和符合《国民体质测定标准手册》中对幼儿部分的要求为内容，以运动游戏为载体，在玩耍中练习，在游戏中强身健体助增长。

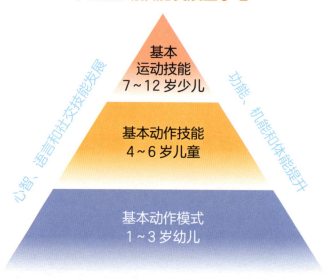

儿童运动技能发展金字塔

基本
运动技能
7~12 岁少儿

基本动作技能
4~6 岁儿童

基本动作模式
1~3 岁幼儿

心智、语言和社交技能发展

功能、机能和体能提升

共同设定并实现健身目标

为了孩子的健康成长，需要设定健身目标，家庭亲子锻炼或许正是您所需要的，本书能够帮助孩子在运动之旅中打开天窗。同时，与您的孩子一起锻炼可以是一种有竞争、有趣且有益的经历。你们可以互相支持、相互鼓励。

家庭亲子健身计划

身边的一切皆能成为运动的助力。儿童玩具能够极大地激发孩子的创造力与活力，常见的生活用品也能巧妙地摇身一变，成为运动的得力工具，而小小的运动器材更是孩子们尽情释放能量的亲密伙伴。无论是在公园、庭院还是客厅，都能够成为您和孩子们欢乐运动的场所。

生活道具

靠垫	图书	毛巾	毛绒玩具
椅子	沙包	网球	气球

专业器材

拉伸垫	跳绳	标志盘	篮球
敏捷圈	软踏	标志桶	健身踏板

　　以上为儿童运动游戏常用器材，家长可自行购买品牌器材，用于4册全部课程，体能运动并不复杂，在家里或社区就能开展各种家庭健身练习。

儿童体能运动的科学指导

儿童体能训练，看似简单，玩玩动动，实际上要想真正有效果离不开科学的理论指导和体系支撑。"家庭式儿童体能训练营"这套图书与配套视频课程紧密结合，构建了一个专业、系统且易于实践的家庭体能训练体系。

图书可以帮助家长理解动作的功能性和训练效果，同时提供多种难度选项，让家长可以根据孩子的发展情况逐步调整。纸质特性便于家长理解动作，反复学习，随时翻阅。配套的视频课程则由教练与孩子共同示范，专业团队摄影实拍，增加趣味性和实操性，每个动作都清晰直观，家长和孩子可以轻松跟随视频进行练习，确保动作标准、到位。图书和视频课程家长可以根据自己的需要使用，既可以只阅读图书，也可以图书和视频课配合使用。

这套课程不是单纯的动作模仿，更融入了系统的训练逻辑，将动作技能与体能发展科学地串联起来。通过互联网技术的支持，家长和孩子在家中即可便捷地获取专业的体能训练指导，让科学的体能教育走进每一个家庭。这一体系化的课程，不仅满足了当下家庭对高质量儿童教育的需求，也与国家提倡的青少年体能发展政策高度契合，为更多家庭带来科学且有趣的运动体验。

家长的良好引导很重要

科学的指导 ▶ 专家 ＋ 体系 ＋ 互联网技术

运动鼓励的方法

语言	肢体
真的	微笑
有想象力	拥抱
做得好	高兴地扬起眉毛
是的	鼓掌
我为你的努力而感到骄傲	竖起大拇指
对你很好	握手
做得对	拍拍背
极好的	把手放在肩上
谢谢合作	抬起双臂
更好的	微笑和点头
看起来很好	用拳头无声地喝彩
美丽的	跳起来
就这样	点点头
精彩	蹲着张开双臂

01 动态平衡

训练介绍

动态平衡反映了人体主动和被动状态下的身体素质，通过动态平衡能力训练，可以提高孩子的反应力，增强其身体灵活性并促进大脑发育。

下面来测试一下孩子的动态平衡能力吧。

测试准备

1 适当热身并讲解测试指令后开始测试。

2 选择平坦安全的场地，穿舒适的运动衣和运动鞋。

3 适当休息并补充水分，在轻松愉快的氛围中进行训练。

标准：要求一只脚（任意）抬离地面，保持3秒后向前跳跃（跳跃距离不少于本人脚长），另一只脚落地支撑并再次保持3秒。左右脚交替完成6次为通过。如出现左右跳、抬起的脚接触地面或身体、跳跃距离不足或未完成6次，则为失败。

结果：测试结果分为"成功"或"失败"。共有3次机会，以其中最好的一次为最终成绩。按照测试指令完成一次即为成功，3次均未完成为失败。

测试指令

准备动作

① 双脚站在起点线上。

② 身体放松，抬头，挺胸。

③ 目视正前方。

测试动作

1. 双臂微屈，平伸于身体两侧。
2. 双脚向前起跳，单脚落地支撑，随后单脚跳起，换另一只脚落地支撑。
3. 单脚支撑时，另一只脚抬离地面，不得接触身体或地面。

完成动作

1. 必须交替单脚向前跳跃，每次跳跃距离不短于本人脚长。
2. 单脚支撑需保持3秒以上，共完成6次。
3. 中途不得出现左右偏跳、同一只脚连续跳跃，或抬起脚接触任何物体。

日常训练建议

　　可以在测试基础上调整运动难度，通过将手臂交叉于胸前、叉腰、水平向前伸展或放在头顶来增加动作的挑战性。也可以借助木杆降低难度，例如手持木杆水平移动或用木杆支撑，以辅助平衡并提升身体的控制能力。

　　建议制订每周不少于3次的家庭健身计划，明确目标和任务。通过角色扮演和模拟不同场景，与家人一起锻炼，互相交流并分享运动心得。

动态平衡

专为5~6岁幼儿打造的15分钟左右动态平衡体能训练，在训练过程中融入了有针对性的热身动作，不同维度的动态平衡训练，以及简单实用的拉伸与放松环节，让运动更轻松。

课程目的

增强孩子在日常生活中维持身体平衡与稳定的能力。提升孩子的肌肉协调性、反应速度与关节灵活性，降低跌倒和受伤的风险。增强孩子在运动中的表现，促进其身体姿态的准确调整，适应不断变化的环境，并为日常生活和各类体育运动中的复杂动作筑牢坚实的平衡基础。

02

静态平衡

训练介绍

　　静态平衡测试反映了人体在相对静止的状态下保持平衡的能力。单腿平衡测试可以评估腿部、髋部和躯干肌肉的力量，以及身体的协调能力。

　　下面来测试一下孩子的静态平衡吧。

测试准备

1　适当热身并讲解测试指令后开始测试。
2　选择平坦安全的场地，穿舒适的运动衣和运动鞋。
3　适当休息并补充水分，在轻松愉快的氛围中进行训练。

测试评估

标准： 要求双脚并拢，双手自然向身体两侧展开，将任意一只脚抬离地面约15厘米。从"1001"数到"1030"后放下脚，测试持续30秒为成功。如出现支撑脚移动、抬起脚落地或未能维持30秒，则为失败。

结果： 测试结果分为"成功"或"失败"。共有3次机会，以其中最好的一次为最终成绩。按照测试指令完成一次即为成功，3次均未完成为失败。

 测试指令

准备动作

① 双脚并拢，自然站立在地面上。

② 身体放松，抬头，挺胸。

③ 目视前方。

测试动作

1 两臂平举，一条腿抬离地面。

2 另一条腿绷直，支撑身体。

3 保持身体的平衡与稳定。

完成动作

1 任意一只脚单脚支撑，需保持30秒以上。

2 支撑脚中途不得跳动，抬起的脚不得接触任何物体，且不得落地。

3 身体不得出现前后或左右大幅晃动，需保持动作稳定且轻松自然。

日常训练建议

可以在测试基础上调整运动难度，例如闭上双眼、双手交叉于胸前、抬腿至大腿与地面平行，或将抬起的脚掌贴紧另一条腿的大腿内侧来增加挑战性。也可以从保持平衡10秒开始，逐步延长时间，或通过抓住他人的手指辅助平衡，以提升身体的稳定性。

从每天或每周制订家庭健身计划开始，让所有家庭成员都参与其中，为每个人提供表达和共同锻炼的机会，一起成长和进步。

静态平衡

专为5～6岁幼儿打造的15分钟左右运动技能训练，在训练过程中融入了与静态平衡相关的热身动作，结合了运动器材的静态平衡训练，以及有针对性的拉伸和放松环节，让运动更轻松。

课程目的

提升孩子的平衡感和身体协调性，培养专注力和耐心，增强自信心，并为参与更复杂的体育运动和日常活动奠定基础。

素质训练

素质训练一 00:34

03
双脚
连续跳

 **训练介绍**

　　双脚连续跳测试是一种常见的体能测试方法，用于评估孩子的身体协调性和下肢爆发力。下面来测试孩子的双脚连续跳能力吧。

测试准备

❶ 在平坦安全的地面上，放10个间隔50厘米的标志盘，也可以用沙包或玩具代替。

❷ 适当热身并讲解测试指令后开始测试。

测试评估

标准： 双脚并拢，从起点连续跳跃通过间隔50厘米的10个障碍物，5秒内完成为成功。如出现踩、踢或跨越多个障碍物，或完成时间超过5秒，则为失败。

结果： 测试结果分为"成功"或"失败"。共有3次机会，以其中最好的一次为最终成绩。按照测试指令完成一次即为成功，3次均未完成为失败。

测试指令

准备动作

① 双脚并拢，自然站立。

② 双手叉腰或放在身体两侧。

③ 眼睛看向脚下的障碍物。

测试动作

① 双腿绷直，身体重心在前脚掌上。

② 腹部收紧，眼睛看脚下要跳跃的障碍物。

③ 跳跃时脚跟始终抬离地面，足踝发力，连续向前跳。

完成动作

① 双脚并拢，依次连续向前跳过所有障碍物。

② 不得单脚起跳或单脚落地，不得踩到或踢到障碍物。

③ 不得一次跨越两个格子。

日常训练建议

　　在日常运动中，可以通过调整难度来适应不同需求。例如，可以在双腿间夹一条毛巾或一个气球，帮助保持双脚绷紧。同时，可以通过调整障碍物的距离和高度来增加动作难度，例如增大跳跃距离或提高障碍物高度；也可以缩短障碍物间距或减少数量来降低难度。通过循序渐进的方式，有效提升运动能力。

　　在日常锻炼中，应密切关注孩子的体能状况，避免过度疲劳，确保运动过程安全而高效。

双脚连续跳

专为5~6岁幼儿打造的15分钟左右运动技能训练，在训练过程中融入了与协调性相关的热身动作，很多趣味十足的协调性及下肢力量训练，以及有针对性的拉伸和放松环节，让运动更轻松。

课程目的

在孩子的生长发育过程中，各类身体素质训练非常重要。日常的科学锻炼不仅强壮了身体，也为日常生活和体育活动中的复杂动作奠定了基础。

04
单脚连续跳

📑 训练介绍

　　单脚连续跳测试是一种简单便捷的测试下肢力量是否对称发展的手段。

　　下面来测试一下孩子单脚连续跳的能力吧。

📋 测试准备

① 适当热身并讲解测试指令后开始测试。

② 选择平坦安全的场地，穿舒适的运动衣和运动鞋。

③ 适当休息并补充水分，在轻松愉快的氛围中进行训练。

测试评估

标准： 双手叉腰，将任意一只脚抬离地面，另一只脚从起点连续向前跳跃至终点，两只脚各完成一次为成功。如中途出现双脚跳跃、停顿、位置偏移，或任意一只脚未达到终点，则为失败。

结果： 测试结果分为"成功"或"失败"。共有3次机会，以其中最好的一次为最终成绩。按照测试指令完成一次即为成功，3次均未完成为失败。

测试指令

准备动作

1. 双脚并拢，自然站立。
2. 双手叉腰或放在身体两侧。
3. 抬头挺胸，目视前方。

测试动作

①　屈膝，一只脚向后抬起。

②　另一只脚支撑身体，重心在前脚掌上。

③　单脚有节奏地连续向前跳。

④　左右脚各进行一次。

完成动作

①　双脚分别完成规定距离的连续跳跃。

②　4岁需跳跃距离达4米以上，5岁达6米以上，6岁达8米以上。

③　跳跃过程中不得停顿、双脚同时起跳或偏离方向。

日常训练建议

　　幼儿在单脚跳跃能力方面差异较大，可根据实际情况适当调整运动难度，以满足孩子的锻炼需求。例如，可以让孩子抬起一只脚内旋后用双手抱住脚踝，进行单脚向前跳跃；或者组织多个孩子参与碰撞游戏，增加动作的挑战性。还可以通过抓住他人的手指辅助完成较长距离的跳跃任务，或像玩"跳房子"游戏一样进行单双脚交替跳跃，以锻炼下肢的左右力量和协调能力。

　　在日常锻炼过程中，应密切关注孩子的呼吸和身体表达情况，科学引导，避免强迫性训练，确保孩子在安全和轻松的环境中逐步提高运动能力。

单脚连续跳

专为5～6岁幼儿打造的15分钟左右的运动技能训练，在训练过程中融入了与协调性相关的热身动作，巧妙结合敏捷圈，开展有趣的协调性及下肢力量训练，并进行有针对性的拉伸和放松，让运动更轻松。

课程目的

提升孩子的平衡感与协调性，发展下肢力量，预防两腿力量发展不均衡的问题。同时培养孩子的空间感知能力，促进注意力集中，并增强自信心和毅力。

05
坐位体前屈

 训练介绍

  坐位体前屈是反映躯干和下肢柔韧性和灵活性的测试，是学校和幼儿园的体质健康测试项目，也是国民体质监测项目。一个人体质的下降往往是从柔韧性素质下降开始的。柔韧性越好，关节活动幅度越大，关节灵活性越好。

  下面来测试一下孩子的坐位体前屈能力吧。

测试准备

1. 适当热身并讲解测试指令后开始测试。
2. 选择平坦安全的场地，穿舒适的运动衣和运动鞋。
3. 适当休息并补充水分，在轻松愉快的氛围中进行训练。

📝 测试评估

标准： 脱掉鞋子，坐在平坦的地面上，双腿伸直并拢，脚趾朝上，脚底与地面垂直或小于90度。双手一上一下重叠，缓慢向前伸展到最大程度，并保持3秒以上。如脚趾能够触碰手腕痕迹，即为成功；未触碰到手腕痕迹，则为失败。

结果： 测试结果分为"成功"或"失败"。共有3次机会，以其中最好的一次为最终成绩。按照测试指令完成一次即为成功，3次均未完成为失败。

📣 测试指令

准备动作

① 双腿、双脚并拢，坐在地上。
② 双手自然地放在身体两侧。
③ 抬头挺胸，目视前方。

测试动作

1 勾起脚尖，双腿始终保持绷直。
2 双手向脚尖方向尽力伸展。
3 达到最大程度时保持3秒。

完成动作

1 在伸展过程中，双臂不得突然来回震动。
2 向前慢慢伸手时，双脚不得内旋或外旋。
3 双腿不能弯曲，且脚趾需触碰腕痕方为合格。

日常训练建议

　　体前屈作为典型的拉伸动作，可作为久坐后、睡前、醒后以及运动前后的简易拉伸活动。如果希望改善柔韧性，训练前应做好充分的热身。孩子可以利用自身的体重或借助墙壁进行辅助拉伸，例如靠墙摸脚、扶墙压肩、靠墙横叉或竖叉等动作。每天进行15分钟的训练，可有效拉伸腿部韧带。

　　如果在训练过程中出现疼痛或不适，应立即停止训练，并根据情况调整动作或寻求专业指导。

坐位体前屈

专为5~6岁幼儿打造的15分钟左右的运动技能训练，在训练过程融入了有针对性的热身动作，有趣的灵活性训练，以及实用的拉伸和放松环节，让运动更轻松。

课程目的

孩子总是低头耸肩，弯腰驼背，跑步不轻盈，这些异常姿态可能与柔韧性有关。幼儿期是发展柔韧性的最佳时间。柔韧性是其他身体素质的基础，对提升运动能力及防止运动创伤等都有积极作用。

06
地板接触

 **训练介绍**

　　地板接触是非常简单的测试幼儿柔韧性的动作，同时测试身体协调性和稳定性。

　　下面来测试孩子的地板接触能力吧。

测试准备

❶ 适当热身并讲解测试指令后开始测试。

❷ 选择平坦安全的场地，穿舒适的运动衣和运动鞋。

❸ 适当休息并补充水分，在轻松愉快的氛围中进行训练。

标准： 双脚并拢，双腿伸直，双手自然放在身体两侧。慢慢弯腰俯身，双手沿双腿向下伸展，手指触地并保持15秒以上为成功。如手指未触地或膝盖弯曲，则为失败。

结果： 测试结果分为"成功"或"失败"。共有3次机会，以其中最好的一次为最终成绩。按照测试指令完成一次即为成功，3次均未完成为失败。

测试指令

准备动作

① 双脚并拢，自然站立。

② 双臂自然垂于身体两侧。

③ 抬头挺胸，目视脚前方。

测试动作

1 慢慢俯身向下。

2 保持双脚不动，双膝伸直，不能有任何弯曲。

3 用手指尖触摸地板，保持15秒以上。

完成动作

1 双脚并拢，保持双腿完全伸直。

2 双手需同时触地。

3 保持身体稳定，并持续触地15秒以上。

日常训练建议

无论是在户外还是室内，都可以利用这个简单的动作进行有效的拉伸。在此基础上，可以通过调整动作难度来适应不同的需求。例如，将双手外旋，使手指朝向后方，并尝试在脚掌与脚跟之间用手掌触地，以增加动作的挑战性；或者通过先将双腿分开进行拉伸，逐步练习后再尝试并拢双腿，以降低动作难度并提升身体的稳定性。

在俯身时，保持眼睛看向地面，有助于维持身体平衡和动作的稳定性。

地板接触

专为5～6岁幼儿打造的15分钟左右的运动技能训练，在训练过程中融入了相关的热身动作，有趣的灵活性训练，以及有针对性的拉伸和放松环节，让运动更轻松。

课程目的

在一定程度上锻炼孩子的柔韧性，增强平衡能力，提升身体的协调性。还可以增强腿部肌肉的力量，从而保持身体的稳定性。

07

网球投掷

网球投掷是学校与幼儿园的体质健康测试项目，也是国民体质监测项目，主要反映人体上肢和腰腹肌肉的力量。

下面来测试孩子的网球投掷能力吧。

测试准备

1 选择平坦、空旷、安全的场地，准备1个网球。
2 适当热身并讲解测试指令后开始测试。

📝 测试评估

标准： 双脚前后分开，投球手同侧的脚在后，面向投球方向。单手握住网球，将球举至脑后，用力向前投掷，尽可能远。投掷距离需大于5米为成功。如球从肩部以下投出、偏向两侧投出，或未达到5米，则为失败。

结果： 测试结果分为"成功"或"失败"。共有3次机会，以其中最好的一次为最终成绩。按照测试指令完成一次即为成功，3次均未完成为失败。

 测试指令

准备动作

① 双脚并拢，自然站立。
② 优势手握住网球放在身体一侧。
③ 抬头挺胸，目视前方。

测试动作

1. 优势手拿球，持球手的同侧脚在后。
2. 两脚一前一后站立，举起手臂放在肩部的后上方。另一只手向前平举，指向将要投出的方向。
3. 腰腹用力带动躯干扭转，将球从肩上方投出。

完成动作

1. 在原地投掷，不得助跑。
2. 投掷时球出手后，身体需保持平衡，两脚不得跨越起点线。
3. 球需向前落地，并达到5米以外。

🐚 日常训练建议

在进行运动前，务必充分做好热身活动和关节的舒展。在此测试基础上，可以通过调整运动难度进行训练。例如，尝试不同的投球角度，如正面投球、空中投球或斜向目标投球，以提升投球的灵活性，从而逐步增加动作难度。

同时，也可以在距离墙面3至5米的位置，使用沙包击打墙上的目标，以降低动作难度。在这样的循序渐进训练中，逐步提升投掷能力和动作的协调性。

网球投掷

　　专为5～6岁幼儿打造的15分钟左右的运动技能训练，在训练过程中融入了与协调性训练相关的热身动作，有趣的投掷类游戏来发展孩子的上肢力量，以及有针对性的拉伸和放松环节，让运动更轻松。

课程目的

　　在幼儿期，孩子的上肢力量发展相对缓慢，投掷运动能力较差。日常科学的锻炼不仅能让孩子的身体得到全面发展，同时为将来的体育活动打下基础。

08
网球抛投

训练介绍

　　网球抛投是一种评估抛投能力的方式，反映幼儿的上肢力量和手部控制能力。

　　下面来测试孩子的网球抛投能力吧。

测试准备

① 选择平坦、空旷、安全的场地，准备1个网球。

② 适当热身并讲解测试指令后开始测试。

📝 测试评估

标准： 双脚前后分开，投球手同侧的脚在前，面向投球方向。单手握住网球，手臂向下和向后伸展，从肩部以下的位置用力将球向前抛出，尽可能远。抛出距离需大于5米为成功。如球从肩部以上抛出、偏向两侧抛出，或未达到5米，则为失败。

结果： 测试结果分为"成功"或"失败"。共有3次机会，以其中最好的一次为最终成绩。按照测试指令完成一次即为成功，3次均未完成为失败。

测试指令

准备动作

1. 双脚并拢，自然站立。
2. 优势手拿球放在身体一侧。
3. 抬头挺胸，目视前方。

测试动作

1. 双腿前后分开呈弓箭步，持球手臂在体侧前后摆动，另一只手在胸前抬起指向要抛出的方向。
2. 腹部收紧，持球手由后向前摆动。
3. 当手臂摆动到一定幅度时弓步起身，把球向前抛出。

完成动作

1. 投掷时需在原地完成，不得助跑。
2. 球出手后，可顺势上摆手臂以维持身体平衡，但两脚不得跨越起点线。
3. 球必须向前落地，并达到5米以外。

日常训练建议

可以在测试基础上调整运动难度。例如，设定一个落点区域，双手各持一个网球，交替向前抛出，或在小范围内进行左右或前后移动的同时抛球，并观察落点，以增加动作挑战。

此外，还可以在短距离内，或与他人相互之间抛接球，每次根据自身能力调整目标距离，尝试控制球落在指定区域。随着能力的提升，可逐渐增加投掷距离。

网球抛投

专为5~6岁幼儿打造的15分钟左右的运动技能训练，在训练过程中融入了相关的热身动作，有趣的手眼协调性和反应力训练，以及有针对性的拉伸和放松环节，让运动更轻松。

课程目的

在生活中，我们需要丢垃圾或向指定区域扔东西，距离稍远时，就很难控制。抛投能力需要经过科学锻炼才能掌握，在运动中获得提高，同时为将来的体育活动打下基础。

09
立定跳远

 训练介绍

　　立定跳远主要反映幼儿的腿部爆发力和身体协调性，使用两脚起跳和落地，通过摆动手臂和弯曲膝盖来提供向前的驱动力。

　　下面来测试孩子的立定跳远能力吧。

测试准备

❶ 选择平坦安全的场地，地面干燥防滑。

❷ 测试前须充分热身，避免用力过猛而受伤。

📋 测试评估

标准： 双脚站在地面标记线后，尽可能向前跳远。双脚需同步起跳和落地，并保持身体稳定。跳远距离超过自身臂展长度为成功。如出现两脚未同步起跳或落地，落地后身体失稳摔倒，或跳远距离未达到臂展长度，则为失败。

结果： 测试结果分为"成功"或"失败"。共有3次机会，以其中最好的一次为最终成绩。按照测试指令完成一次即为成功，3次均未完成为失败。

🔔 测试指令

准备动作

1 两脚自然分开，与肩同宽，脚尖向前。

2 两臂同时向前向后摆动。前摆时两腿伸直，后摆时屈膝降低重心，上体稍前倾，手尽量往后摆。

测试动作

① 两臂向后摆动到最大幅度时，微微屈肘由后往前上方用力摆动，同时向前上方跳起腾空。

② 前脚掌蹬地快速有力，蹬腿并协调摆臂，身体在空中伸展。

③ 空中收腹，小腿往前伸，同时双臂用力向后摆动，屈膝落地以缓冲冲击力。

完成动作

① 下蹲和摆臂的动作要充分。

② 空中动作舒展，双脚同时落地，动作轻盈，无前扑或后倒现象。

③ 向前跳跃距离超过自身臂展长度。

日常训练建议

　　立定跳远不适合作为热身动作。训练前，应先进行髋关节、踝关节的绕环运动以及膝关节的屈伸激活。在此基础上，可根据实际情况调整运动难度。例如，可以尝试在深蹲时模拟小兔蹲跳并双手摸高，或在台阶上进行跳上跳下的动作，以提升孩子的兴趣和参与度。

　　此外，还可以在垫子上进行跪姿挺髋、蹲姿摆臂上举等练习，以帮助孩子整合基本动作技能，并逐步提高整体运动能力。

立定跳远

专为5～6岁幼儿打造的15分钟左右的运动技能训练，在训练过程中融入了相关的热身动作，借助健身踏板等运动器材设计了安全有趣的下肢力量训练，再加上有针对性的拉伸和放松环节，让运动更轻松。

课程目的

跳跃是有助于孩子长高的一种常见运动方法，同时也为日后的体育活动打下基础。

素质训练

素质训练二　01:19

10 反向运动跳

训练介绍

反向运动跳，也就是纵跳，可以反映出幼儿下肢的肌肉力量和爆发力。强有力的起跳和较高的跳跃高度表明幼儿下肢具有良好的力量基础。

下面来测试孩子的纵跳能力吧。

测试准备

① 在平坦的地面上放一个与孩子膝盖下缘等高的物体——健身踏板、木箱或凳子。

② 测试前须充分热身，家长随时保护孩子的安全。

标准： 双腿下蹲至膝盖弯曲90度，同时手臂向后摆动至身体后方。下蹲到位后不停顿，双脚需同步起跳，同时手臂向上摆动。收腹抬腿，双脚同时稳稳落在高度不低于膝盖的平台上为成功。如下蹲角度超过90度、未能双脚同步起跳、落地后无法维持平衡或未跳上平台，则为失败。

结果： 测试结果分为"成功"或"失败"。共有3次机会，以其中最好的一次为最终成绩。按照测试指令完成一次即为成功，3次均未完成为失败。

🔔 测试指令

准备动作

❶ 双脚自然分开，与肩同宽或略窄，双臂自然下垂，放在身体两侧。

❷ 双臂向上举起伸展身体，向后摆动时下蹲，为起跳做好准备。

测试动作

1. 双脚同时用力蹬地向上跳起，同时手臂用力向上摆动。
2. 充分利用腰腹肌的力量让双臂在空中尽力伸展，然后迅速收腹、屈髋、屈膝。
3. 前脚掌接触踏板表面时，双臂后摆保持身体平衡。

完成动作

1. 最终跳上平台的高度需不低于孩子膝盖的高度。
2. 下蹲时膝盖弯曲角度必须达到90度，且下蹲与起跳过程中不得出现停顿。
3. 跳上平台后，身体需保持平衡与稳定。

日常训练建议

可以根据实际情况调整运动难度。增加难度的方法包括逐步提高平台的高度，在确保动作规范的前提下练习跳上或跳下平台，同时保持身体的平衡与稳定。降低难度的方法可以是在墙上用粉笔标记，通过下蹲后垂直跳跃摸高的方式锻炼下肢力量。随着下肢力量的逐步提升，动作难度将自然降低。

跳跃能够有效刺激孩子骨骼生长板，从而促进骨骼的生长与发育。在日常活动中，应鼓励孩子进行多样化的跳跃练习。经常跳跃不仅可以增强腿部骨骼的强度，还能帮助孩子更好地长高。

反向运动跳

专为5～6岁幼儿打造的15分钟左右的运动技能训练，在训练过程中融入了相关的热身动作，变化多样的下肢力量训练，以及有针对性的拉伸和放松环节，让运动更轻松。

课程目的

有助于刺激骨骼生长，促进幼儿骨骼的健康发育。科学的日常锻炼不仅有助于长高，同时为将来的体育活动打下基础。

素质训练

素质训练二　00:32

11

折返跑

折返跑用于测试幼儿的奔跑速度、身体控制能力和改变方向的能力，主要反映幼儿身体的协调性和敏捷性。

下面来测试孩子的折返跑能力吧。

测试准备

① 准备4个玩具或标志桶。

② 穿舒适的运动衣和鞋，在安全平坦防滑的场地进行运动。

③ 测试前须充分热身，家长随时保护孩子的安全。

📝 测试评估

标准： 在每次测试中尽最大努力快跑。一只脚站在起点线上，开始后迅速跑向终点，触碰或拿起标志物后立即转身返回起跑线。再次转身跑向5米处的标记点并返回。整个过程需重复往返4次。

结果： 测试结果分为"成功"或"失败"。共有3次机会，以其中最好的一次为最终成绩。按照测试指令完成一次即为成功，3次均未完成为失败。

测试指令

准备动作

① 双脚并拢，自然站立在起点处。

② 双手放在身体两侧。

③ 抬头挺胸，目视脚前方的标志物。

测试动作

① 起跑时身体前倾，两腿一前一后分开。

② 跑动中手臂前后摆动，眼睛看着前方的标志物。

③ 在接近标志物时，快速降低重心，脚尖内扣俯身拿标志物。

④ 转身加速向起点奔跑，到达起点后俯身放下标志物，再次折返。

完成动作

① 在两点间需沿直线跑动，双脚必须完全越过线。

② 拿取和放置标志物时，不得抛掷或扔出，也不得出现卡顿或停留。

③ 来回跑动过程中，不得出现转圈的现象，即要左右折返。

日常训练建议

　　可以根据实际情况调整训练难度。增加难度的方法可以设计为阶梯式距离，例如将第一个终点设在4米处，第二个终点设在5米处，依次逐渐增加跑动距离。

　　降低难度的方法可以采用慢跑形式，重点练习折返动作和转身方向。例如，当终点在左侧时，从起点向右转身，避免始终朝一个方向转身，可以有效提升身体的敏捷性和方向感。

折返跑

专为5～6岁幼儿打造的15分钟左右的运动技能训练，在训练过程中融入了相关的热身动作，有趣的速度与敏捷性训练，以及有针对性的拉伸和放松环节，让运动更轻松。

课程目的

孩子在短距离内很难同时改变速度与方向，需要科学的训练与指导来提升这项技能，折返跑训练不仅锻炼了身体，同时为将来的体育活动打下基础。

12

敏捷跑

训练介绍

　　敏捷跑是一种简单易行的测试，只需要很少的道具或器材，就可以测试孩子跑动转向的能力。

　　下面来测试孩子的敏捷跑能力吧。

测试准备

① 在长5米、宽1.5米的平地上进行。

② 准备4个玩具或标志桶，距离起点1米处放1个标志物，之后每隔1米放1个，共放4个。

③ 适当热身并讲解测试指令后开始测试。

标准： 孩子站在起跑线上，听到指令后迅速起跑，依次绕过标志物，在绕过第4个标志物后转身掉头，按相同顺序依次绕过每个标志物并最终回到起跑线。完成全程且路线正确、动作流畅的判定为成功。如跑动过程中碰到标志物、跑错路线或出现明显卡顿现象，则判定为失败。

结果： 测试结果分为"成功"或"失败"。共有3次机会，以其中最好的一次为最终成绩。按照测试指令完成一次即为成功，3次均未完成为失败。

测试指令

准备动作

1 双脚自然站立。

2 双手放在身体两侧。

3 抬头挺胸，目视脚前方的标志物。

敏捷跑

测试动作

1️⃣ 从起点开始向前跑，一左一右绕过4个标志物。

2️⃣ 绕过最后一个标志物同时转弯，转弯后仍一左一右绕过4个标志物跑回到起点。

3️⃣ 交换起点和终点的位置，再进行一次测试。

完成动作

1️⃣ 每次跑动需绕过所有标志物，途中不得踩到或踢到标志物。

2️⃣ 跑动过程中必须按正确方向和顺序完成，不得出现停顿或错误动作。

3️⃣ 跑步需从起点出发，经过终点后返回起点。如出现上述违规情况，应立即停止测试并重新开始。

🎵 日常训练建议

这是一个非常有趣的测试，需要很少的设备。你可以在此基础上增加或降低运动难度，例如更换起始侧和结束侧，使转动方向相反，或者从俯卧在地面、手脚抬离地面后起跑来增加动作难度。也可以从起点直线跑到终点，开始绕标志物，经起点返回终点后，再直线跑回起点等方式来提升挑战性。你还可以通过减少标志物数量或增大两点之间的距离来降低运动难度，从而稳步提升孩子身体的敏捷性和反应能力。

敏捷跑

专为5~6岁幼儿打造的15分钟左右的运动技能训练，在训练过程中融入了相关的热身动作，借助敏捷圈进行有趣的敏捷性训练，运动后安排了有针对性的拉伸和放松环节，让运动更轻松。

课程目的

孩子运动少，反应慢，躲避障碍物和危险意识差，这都需要科学的训练来提高相关技能，这不仅锻炼身体，还提高孩子的自我保护意识，同时为体育活动打下基础。

素质训练二　00:15

13 快速原地跑

 **训练介绍**

　　快速原地跑是使用交替快速原地小跑的测试，以反映孩子下肢肌肉力量和耐力。

　　下面来测试孩子的快速原地跑能力吧。

测试准备

1 准备5个敏捷圈或1根粉笔，也可用其他圈状物代替。

2 适当热身并讲解测试指令后开始测试。

3 选择平坦安全的场地，穿舒适的运动衣和运动鞋。

4 适当休息并补充水分，在轻松愉快的氛围中进行训练。

标准： 要求交替抬起脚，原地进行踩踏动作，并尽可能多地用脚部拍打地面。在30秒内完成踩踏100次为成功。如出现双脚同时跳起，仅用单脚进行踩踏，或未达到30秒内100次的要求，则为失败。

结果： 测试结果分为"成功"或"失败"。共有3次机会，以其中最好的一次为最终成绩。按照测试指令完成一次即为成功，3次均未完成为失败。

测试指令

准备动作

① 双腿微屈，重心在前脚掌上，目视前方。

② 双臂屈肘，两手握拳，放在身体两侧。

测试动作

① 小腿放松自然起落，脚趾向上勾起，前脚掌落地后快速反弹，控制步频，有节奏地交替原地跑。

② 两臂自然前后摆动，保持身体平衡。

完成动作

① 在指定区域内，双脚需交替进行动作。

② 每次抬脚时，脚掌必须完全离开地面。

③ 在30秒内完成100次原地快速跑。

日常训练建议

可以根据实际情况适当调整运动难度。例如，可以尝试在快速跑中加入前后、左右或前后左右的脚步移动，以提高动作的挑战性。也可以在台阶上进行上下跑动，从而降低动作难度。通过逐步提高脚步的频率，能够有效增强孩子的协调性和反应能力。

在进行快速跑训练时，应根据孩子的具体状况调整动作难度，确保运动安全。运动的总时长不宜过长，建议每组持续15至30秒，并在组间安排充分的休息时间。

快速原地跑

专为5~6岁幼儿打造的15分钟左右的运动技能训练，在训练过程中融入了相关的热身动作，有趣的敏捷性训练，以及有针对性的拉伸和放松环节，让运动更轻松。

课程目的

锻炼下肢肌群，提高下肢力量，增强孩子的运动能力，同时为将来的体育活动打下基础。

14 快速敲击

训练介绍

　　快速敲击用于反映孩子的手部、手臂灵活性和手眼协调性。

　　下面来测试孩子的快速敲击能力吧。

测试准备

① 适当热身并讲解测试指令后开始测试。

② 适当休息并补充水分，在轻松愉快的氛围中进行训练。

③ 让孩子站在桌子前，将两本书中心间隔60厘米放置在桌面上，并在两本书之间放一本书。用非优势手按住中间的书，同时用优势手尽可能快速地在两侧的书之间来回敲击。

 **测试评估**

标准：用一只手紧紧压住中间的书本，另一只手在两侧的书之间交替拍打。30秒内完成50次敲击为成功。如压着中间书本的手抬起、两侧书本移位或未达到50次敲击，则为失败。

结果：测试结果分为"成功"或"失败"。共有3次机会，以其中最好的一次为最终成绩。按照测试指令完成一次即为成功，3次均未完成为失败。

 **测试指令**

准备动作

① 自然站立在桌后。

② 优势手（写字手）放在同侧的书本上。

③ 另一只手压在中间的书本上。

测试动作

① 调整桌子高度，使其适合孩子舒适地站立操作。

② 用非优势手紧压中间的书本，保持稳定。

③ 使用优势手快速在两侧书本上交替拍打。

完成动作

① 非优势手不得移动或抬起。

② 两侧书本在拍打过程中不得发生移位。

③ 在30秒内需完成50次左右交替拍打。

🎵 日常训练建议

　　在现有基础上，可以通过增加动作复杂性和改变敲击速度来提升训练难度。例如，左右拍打与左右捶打交替进行，增加节奏变化，提高动作难度。同时，也可以采用更简单的敲击训练来降低难度，比如让孩子一只手扶墙，另一只手交替位置敲击墙壁，逐步熟悉动作。

　　在训练过程中，应注意控制敲击力度，并注重趣味性的设计，激发孩子的参与动力。

快速敲击

专为5~6岁幼儿打造的15分钟左右的运动技能训练，在训练过程中融入了提高手臂敏捷性的日常热身动作，有趣的手眼协调训练，以及有针对性的拉伸和放松环节，不仅可以锻炼身体，同时也可以作为聚会时的亲子互动游戏，让运动更轻松。

课程目的

锻炼双手的灵活性、协调性和准确性，能有效锻炼手部肌肉。手部动作与大脑神经紧密相连，手指活动能促进大脑对手部动作的控制和协调，进而提升大脑的整体协调能力。

素质训练

素质训练二　00:57

15

滚背

📋 训练介绍

　　滚背是反映孩子躯干稳定性的测试，可测试腰腹稳定性和肩背的力量。

　　下面来测试孩子的滚背能力吧。

📋 测试准备

❶ 准备1个拉伸垫或者有缓冲的平面。

❷ 适当热身并讲解测试指令后开始测试。

❸ 选择平坦安全的场地，穿舒适的运动衣和运动鞋。

❹ 适当休息并补充水分，在轻松愉快的氛围中进行训练。

标准：坐在地面上，膝盖尽量弯曲，双手紧抱小腿，腹部贴紧大腿。要求在30秒内反复进行仰卧和起坐，完成15次以上为成功。如在滚背起坐过程中出现侧翻、双手松开小腿或未能完成15次，则为失败。

结果：测试结果分为"成功"或"失败"。共有3次机会，以其中最好的一次为最终成绩。按照测试指令完成一次即为成功，3次均未完成为失败。

测试指令

准备动作

① 坐在拉伸垫上，双腿屈膝，大腿贴向腹部。

② 收腹拱背，两手抱住小腿。

测试动作

1 身体往后仰，用尾椎、腰椎、胸椎一节一节地碰触地面。

2 呼气时身体有控制地向后仰，吸气时靠惯性和控制力慢慢坐立起身。

完成动作

1 双手必须始终抱住小腿，起身时不得用手支撑地面。

2 身体需保持中立位，不得向两侧偏移。

3 在30秒内需完成15次动作。

🎺 日常训练建议

　　这是一个非常简单的儿童健身动作，适合在较小的空间内快速完成。你可以根据需要调整运动难度。例如，为增加动作难度，可从站立位下蹲后迅速抱腿向后滚背，再借助惯性迅速站起。若需降低动作难度，可让孩子仰卧在地面上，慢慢抬起双腿至双手能够抱住小腿，然后再慢慢将腿放下，逐步提升身体的核心力量和平衡能力。

滚背

专为5~6岁幼儿打造的15分钟左右的运动技能训练，在训练过程中融入了相关的热身动作，有趣的滚背训练，以及有针对性的拉伸和放松环节，让运动更轻松。

课程目的

有助于增强脊柱的灵活性和柔韧性，促进脊柱的正常生长和发育，预防脊柱侧弯等问题。滚背动作可以让脊柱得到充分的伸展和活动，为幼儿良好的体态打下基础。同时，幼儿在滚动时会不自觉地收紧身体来维持平衡，长期练习能让核心力量得到提升。

素质训练

素质训练一　00:28

16
直臂仰卧起坐

训练介绍

  直臂仰卧起坐用于反映孩子的核心肌肉力量和身体协调性、稳定性。

  下面来测试孩子的直臂仰卧起坐能力吧。

测试准备

1. 准备一个拉伸垫。
2. 适当热身并讲解测试指令后开始测试。
3. 选择平坦安全的场地，穿舒适的运动衣和运动鞋。
4. 适当休息并补充水分，在轻松愉快的氛围中进行训练。

测试评估

标准： 孩子仰卧在垫上，膝盖和脚踝并拢，膝盖弯曲至90度，双手向头顶方向伸展。家长压住孩子双脚，孩子需通过摆动手臂带动上身完成直立起坐。在30秒内完成15次为成功。如出现用手支撑地面、抓裤子借力或未能在30秒内完成15次，则为失败。

结果： 测试结果分为"成功"或"失败"。共有3次机会，以其中最好的一次为最终成绩。按照测试指令完成一次即为成功，3次均未完成为失败。

测试指令

准备动作

① 身体仰卧，两腿屈膝并拢。

② 肩背着地，肩部自然放松，双臂向上伸直。

③ 脚掌贴合地面。

直臂仰卧起坐

测试动作

① 下颌收紧，双臂带动身体卷腹。

② 肩胛骨离开地面，双手向前伸直，腰背挺直坐起。

③ 身体坐起后再缓慢地仰卧至肩胛骨接触到地面。

完成动作

① 坐起后，双手需触碰家长的腿部或手部算作一次。

② 双肩需保持水平，身体不得出现扭转。

③ 在30秒内需完成15个动作。

🔔 日常训练建议

可以在测试基础上调整运动难度。例如，在仰卧起坐时尝试双臂平展，始终保持与地面平行，或者将双手抱头或双臂交叉在胸前，以增加动作的挑战性。若需降低难度，可以让孩子抓住家长的手借力完成仰卧起坐，或用双手抓住自己的衣物辅助动作，逐步提升核心力量并增强控制能力。

直臂仰卧起坐

　　专为5～6岁幼儿打造的15分钟左右的运动技能训练，在训练过程中融入了爬行类的热身动作，有趣的亲子协作类训练，以及有针对性的拉伸和放松环节，让运动更轻松。

课程目的

　　锻炼腹部肌肉力量，提高身体协调性，培养运动习惯，增强自信心，促进身体感知，增进亲子互动。

素质训练

素质训练四　00:38

17

优势眼测试

📋 训练介绍

通过简单的优势眼测试可以反映孩子的哪只眼睛为优势眼，这与将来的运动爱好选择有很大的关系，对高尔夫、棒球等击球运动尤为重要。

下面来测试孩子的哪只眼睛为优势眼吧。

📝 测试评估

标准：双臂向前伸直，拇指与食指分开，双手交叉形成一个孔洞，双眼透过正前方这个孔洞能看到6米以外的标志物（约10厘米大小），此时保持不动分别闭上一只眼看标志物，能看到标志物的那只眼睛为优势眼，测试为通过。两只眼都看不到标志物或不清晰为测试不通过。

结果：测试结果分为"通过"或"不通过"。测试共有3次机会，以其中最好的一次为最终成绩。按照测试指令完成一次即为通过，3次均未完成即为不通过。

准备动作

① 双脚并拢，自然站立。

② 双臂在眼睛正前方伸直，用双手的大拇指和食指轻轻圈住一个空心纸杯，或者双手大拇指张开重叠，其余四指并拢，搭出一个小三角形。

③ 睁开双眼，透过纸杯看向一个特定的物体。

测试动作

① 闭上左眼，若物体仍在视野中，则右眼是优势眼。

② 闭上右眼，若物体仍在视野中，则左眼是优势眼。

完成动作

1 确保标志物位于测试者身体正前方，距离至少为6米。

2 双手伸直水平举起，手指形成一个小空隙（直径约1~2厘米），使双眼通过空隙能清晰看到标志物。

3 在测试过程中，双手和头部必须保持稳定，不得移动。

日常训练建议

　　优势眼在运动中负责提供准确的视觉引导，例如瞄准、判断距离和目标跟踪等。如果优势眼和优势手不在同一侧（交叉主导），可能会对协调性和表现产生一定影响，但通过训练可以逐步适应和优化。在日常生活中，可以通过聚焦调节训练（交替注视近距离10厘米和中远距离6米的物体）来增强双眼的调节能力，或者通过目标追踪训练（如抛接小纸团或用悬挂在绳子上的小球摆动训练双眼跟踪能力）来提高双眼的协调性。此外，建议孩子多参加日间户外活动，不仅能有效保护眼睛健康，还对提升双眼的协调和控制能力大有裨益。

优势眼测试

专为5~6岁幼儿打造的15分钟左右的运动技能训练，旨在促进幼儿眼部的健康发育。通过多种有趣且适合幼儿的训练方式，如眼球转动、视觉追踪游戏等，刺激眼部肌肉和神经的生长与发育。

课程目的

幼儿眼部锻炼的目的在于促进眼部发育，预防近视和其他视力问题，提高视觉感知能力，以及培养良好的用眼习惯，这对眼睛健康和整体发展意义重大。

素质训练

素质训练二　00:44

18
抓尺子

训练介绍

　　抓尺子用于测试幼儿的手眼反应时间。良好的手眼协调能力和快速反应力与将来选择哪些运动有很大的关系，对赛车、拳击、握拍类运动尤为重要。

　　下面来测试孩子的手眼反应能力吧。

测试准备

1. 准备1根30厘米长的尺子或木棍。
2. 适当热身并讲解测试指令后开始测试。
3. 选择平坦安全的场地，穿舒适的运动衣和运动鞋。
4. 适当休息并补充水分，在轻松愉快的氛围中进行训练。

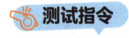

测试评估

标准： 在未通知的情况下，尺子从测试者的拇指与食指间自由下落，测试者需在尺子下落过程中迅速用手握住尺子为成功。如出现下落前触碰尺子、上下移动手臂或未能成功握住尺子，则为失败。

结果： 测试以"成功"或"失败"为结果。共有3次机会，以其中最好的一次为最终成绩。按照测试指令完成一次即为成功，3次均未完成为失败。

测试指令

准备动作

①大人与孩子面对面自然站立，保持60厘米间距。

②大人单手持木棍置于身体前方，木棍垂直向下。

测试动作

1. 孩子将优势手伸直置于身体前方，大拇指张开其余四指并拢，形成一个直角。
2. 孩子双眼注视木棍，当大人松开手后，在木棍下降过程中用手抓住。

完成动作

1. 手不得上下或左右移动以抓住尺子。
2. 身体不得下蹲或移动。
3. 另一只手不得辅助抓取。
4. 松手时不得提前告知测试者。

日常训练建议

在日常锻炼中，可以结合游戏形式，使手部反应训练更有趣、更有效。可以在此基础上适当增加或降低运动难度，以更好地激发孩子的兴趣和积极性。例如，将木棍上下或左右摆动，模拟屏障，孩子需用一只手通过屏障拿到小玩具，以增加动作的挑战性。

家长还可以抛掷一些轻软的小物品（如棉球、羽毛、纸巾）到空中，让孩子用手去抓，并逐渐加快抛掷速度或改变方向，这种方式能有效提升孩子的反应能力和手眼协调能力。

▶ 视频课

抓尺子

　　专为5～6岁幼儿打造的15分钟左右的运动技能训练，通过一系列有针对性的活动和游戏，如翻纸杯、捡纸杯、接纸杯等，帮助幼儿提高手眼配合的效率和反应速度。

课程目的

　　幼儿手眼协调与速度训练有助于促进身体发育，培养认知能力，激发创造力和想象力，增强自信心和成就感，培养解决问题的能力，以及提高专注力和耐心等。

素质训练

素质训练一　01:02

19 慢速跳绳

慢速跳绳是一种反映孩子上下肢协调性和下肢肌肉耐力的测试。跳绳已成为国家体质健康标准的测试项目之一。

下面来测试孩子慢速跳绳的能力吧。

测试准备

1. 准备1根儿童跳绳，绳长约为孩子站立时肩膀高度的2倍。
2. 适当热身并讲解测试指令后开始测试。
3. 选择平坦安全的场地，穿舒适的运动衣和运动鞋。
4. 适当休息并补充水分，在轻松愉快的氛围中进行训练。

标准： 要求双脚并拢，以小跳两次摇绳一次的节奏进行跳绳。在10秒内连续完成10个为成功。如跳跃中出现停顿，或者变为跳一次摇一次，且未能在10秒内完成10个，则为失败。

结果： 测试以"成功"或"失败"为结果。共有3次机会，以其中最好的一次为最终成绩。按照测试指令完成一次即为成功，3次均未完成为失败。

📣 测试指令

准备动作

① 双脚分开站立，与肩同宽。

② 上臂夹在身体两侧，屈肘使前臂垂直于身体，双手紧握跳绳的手柄，跳绳中部与跟腱接触。

测试动作

①跳起时足踝发力，双腿绷直。落地时身体
重心在前脚掌上，脚跟始终抬离地面。

②腹部收紧，眼睛看向正前方。

③跳绳从下而上掠过头顶时，双脚点地跳跃
一次。跳绳从上而下下落时跳跃一次，使
跳绳掠过脚底。

完成动作

①双腿需绷直，双脚必须同时起跳。

②跳跃需连续且有节奏，不得中途停顿。

③在10秒内需完成10次成功跳过绳子。

日常训练建议

跳绳是大众健身和学生体测试中常用的运动项目。不同年龄
段的孩子应选择适合自身的跳绳种类和长度。可以在测试的基础
上调整运动难度，以增加趣味性。例如，通过加入脚步变化（如
开合跳、剪刀跳、左右交替跳）或调整速度（如慢-快-慢节奏）
来提高动作的挑战性。

此外，可以采用无绳模拟练习，单手摇绳的方式作为基础训
练。随着孩子跳绳能力的逐步提升，可逐渐增加每组跳绳的次数
和组数。

▶ **视频课**

慢速跳绳

专为5~6岁幼儿打造的15分钟左右的运动技能训练，通过一系列有针对性的活动和游戏，如大手拉小手跳、同步节奏跳、亲子跳、跳竹竿等，帮助幼儿提高协调性和耐力。

课程目的

不断加强孩子的身体协调性和节奏感，提升早期基础耐力和运动技能，为小学体育活动打基础。

20
六边形跳

训练介绍

六边形跳主要反映孩子在快速移动的同时保持平衡的能力，这是孩子在追逐玩耍中十分重要的能力。

下面来测试孩子的六边形跳能力吧。

测试准备

1. 用运动胶带或细绳等在地板上围出一个直径为60厘米的圆圈，或边长为30厘米的正六边形。
2. 适当热身并讲解测试指令后开始测试。

测试评估

标准: 双脚并拢站在六边形的中心区域,面向前线。测试开始后,先向前跳越过前线,再跳回六边形中心。接着,按照顺时针顺序依次跳过每一条边并返回中心,直至完成一整圈。整个测试过程中,测试者必须始终面向同一方向,不得改变。

结果: 测试以"成功"或"失败"为结果。共有3次机会,以其中最好的一次为最终成绩。按照测试指令完成一次即为成功,3次均未完成为失败。

测试指令

准备动作

① 稍微屈膝屈髋,双脚自然站立,重心稍向前,全脚掌或前脚掌着地,站在圆圈中间。

② 双手叉腰,抬头挺胸,目视前方。

测试动作

1. 先向前跳过六边形的边线，然后跳回中间。
2. 向下一个侧边跳出，再跳回中间。
3. 继续这一模式，按顺时针或逆时针方向跳一圈。

完成动作

1. 跳跃过程中，始终保持面朝正前方。
2. 跳跃时，双脚必须同时离地并同时落地，保持身体的平衡与稳定。
3. 动作需连续进行，身体协调且富有节奏，不得中途停顿。

日常训练建议

可以在测试基础上调整运动难度，例如在相同模式下完成顺时针和逆时针方向的跳跃，以增加动作挑战性。也可以保持身体始终朝一个方向，采用立定跳的方式，降低动作难度，增强下肢力量和敏捷性。

这是一项简单且有效的敏捷性训练和测试，需要的设备和空间非常有限。每天计划课后运动一刻，不仅能让孩子的身体得到锻炼，还能帮助大脑放松。通过比较顺时针与逆时针方向的表现，还能观察左右运动技能是否存在不平衡，让孩子在快乐中健康成长。

六边形跳

专为5～6岁幼儿打造的15分钟左右的运动技能训练，在课程中融入了有针对性的趣味反应跳游戏，帮助幼儿提高空间感和下肢敏捷性。

课程目的

这些训练帮助孩子提高灵敏素质、协调素质，增强空间感知能力，培养节奏感并激发运动兴趣。在训练过程中，家长需在视频指导下根据儿童实际情况选择合适的难度动作，并采用多样化方式促进其全面发展。

素质训练

素质训练三   02:23

21
模拟飞行

　　模拟飞行主要反映孩子身体的灵敏性和空间感。孩子需要准确判断位置与路线，并作出反应，提高对空间的认知。

　　下面来测试孩子的该项能力吧。

测试准备

1. 准备5个标志盘或其他标志物，间隔3米在地上摆出十字。
2. 适当热身并讲解测试指令后开始测试。
3. 选择平坦安全的场地，穿舒适的运动衣和运动鞋。
4. 适当休息并补充水分，在轻松愉快的氛围中进行训练。

标准： 从起点开始，按照A-E-B-E-C-E-D-E-A的顺序跑步并依次绕过每个点，最终回到起点为成功。如出现跨越而非绕过标志点、方位不清、顺序错误、重复跑线或未能正确回到起点，则判定为失败。

结果： 测试以"成功"或"失败"为结果。共有3次机会，以其中最好的一次为最终成绩。按照测试指令完成一次即为成功，3次均未完成为失败。

测试指令

准备动作

1. 双脚自然站立。
2. 双手放在身体两侧。
3. 抬头挺胸，目视前方标志盘，并明确移动方向和顺序。

D

终点
A
起点

E C

B

测试动作

1 按固定的顺序依次跑过5个定点标志盘。

2 从起点开始跑向中间点，以逆时针方向，每次经过中间点位。

3 两点间均以绕8字的方向跳，直至回到终点。

完成动作

1 路线正确，不可绕标志盘大于一圈。

2 在往返时不能重复跑过的路线。

日常训练建议

这是一个需要很少道具的训练。你可以在此基础上调整运动难度，例如尝试以左侧或右侧作为起点，增加趣味性，或选择不同的起点以增加转弯方向的复杂性。为降低难度，可以让孩子慢走以熟悉路线，或使用数字标记来辅助识别方向。通过逐步提升训练难度，可以有效增强孩子的空间感和方向感。

模拟飞行

专为5~6岁幼儿打造的15分钟左右的运动技能训练，在训练中有针对性地设计了各种趣味移动游戏，帮助幼儿提高空间感和方位感。

课程目的

这些训练可以帮助孩子更好地判断自己与障碍物之间的距离和位置关系，提高空间感知和定位能力。在绕标志盘跑的过程中，需要不断地调整方向、速度和动作，从而锻炼身体的协调性和灵敏性。

素质训练

素质训练二　01:05

22
模拟航海

训练介绍

模拟航海主要反映孩子的观察和判断能力，评估他们在各种情况下观察细节、准确判断的能力。

下面来测试孩子的该项能力吧。

测试准备

① 准备5个标志桶或其他标志物，间隔1米在地上摆成"W"形。

② 适当热身并讲解测试指令后开始测试。

③ 选择平坦安全的场地，穿舒适的运动衣和运动鞋。

④ 适当休息并补充水分，在轻松愉快的氛围中进行训练。

标准： 从A点开始，依次按照A-B-C-D-E-D-C-B-A的顺序绕过标志物，完成从起点到终点的来回跑，并最终回到起点为成功。如出现方向错误、路线错误或碰到标志物，则判定为失败。

结果： 测试以"成功"或"失败"为结果。共有3次机会，以其中最好的一次为最终成绩。按照测试指令完成一次即为成功，3次均未完成为失败。

📢 **测试指令**

准备动作

① 双脚自然站立在起跑线上。

② 双手放在身体两侧。

③ 抬头挺胸，目视前方。

测试动作

1. 按顺序依次跑过5个定点标志桶。
2. 从起点开始，绕过每个标志桶，然后原路返回，直至跑回起点。

完成动作

1. 路线正确，不绕过标志盘大于一圈。
2. 往返时须折线跑动。

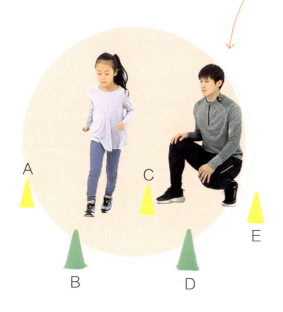

日常训练建议

　　这是一种仅需极少道具的定位训练。可以根据需要调整训练方式。例如，为增强趣味性，可分别从两端作为起点；为提升定位难度，可以尝试改变身体方向（如侧身移动或向后移动）；为降低难度，可在标志物旁标注数字以辅助识别方向。通过逐步增加复杂性，这项训练有助于提升孩子的方向感与位置感。

模拟航海

专为5~6岁幼儿打造的15分钟左右的运动技能训练，在训练中有针对性地设计了各种趣味寻宝游戏，帮助幼儿提高观察和判断能力。

课程目的

这些游戏帮助儿童提升身体协调性与灵敏性，增强腿部力量，提高空间感知和方向判断能力，同时激发儿童对运动的兴趣，促进其身心健康发展。

23

肩部伸展

训练介绍

　　肩部伸展是一种简单的肩部旋转灵活性测试，能够反映肩部灵活性和活动范围，这对于孩子学游泳、挥球拍和投掷运动很重要。

　　下面来测试孩子的肩部伸展能力吧。

测试准备

1 测试前应进行适当热身，避免受伤。

2 规范讲解测试指令，以确保测试结果的准确性。

3 测试过程中若出现疼痛，应立即停止。

测试评估

标准： 测试者将双手分别置于背部，一手从上方绕过肩膀，一手从下方绕过腰部，尝试使双手中指互相触碰。测试人员可引导调整动作，使手指排列对齐。若左右手均能触碰中指则为成功；若在左右交换后，任意一侧未能触碰中指，则为失败。

结果： 测试以"成功"或"失败"为结果。共有3次机会，以其中最好的一次为最终成绩。按照测试指令完成一次即为成功，3次均未完成为失败。

 **测试指令**

准备动作

1. 双脚并拢自然站立。
2. 双手放身体两侧。
3. 抬头挺胸，目视前方。

测试动作

1 右臂上举、屈肘放在头的后边，使小臂贴近头部，右手掌心贴紧后背。

2 另一只手臂在背后屈肘，小臂和手背贴紧后背。让两手手指尽可能相触。

3 交换进行另一侧测试。

完成动作

1 身体始终保持直立。

2 左右手各行一次，以较远距离为最终结果。

3 家长不得协助施力。

日常训练建议

　　孩子长时间久坐容易导致肩关节灵活性降低。可以通过调整运动方式来降低难度并增加趣味性。例如，与家人一同进行活动，各自手中拿一支笔、一个玩具或一个网球，在背后相互传递，既锻炼灵活性又增加互动乐趣。

　　还可以尝试双手举起毛绒玩具，让玩具从背上缓慢滚下，同时用双手从下背部接住；或者模仿小鸟挥动翅膀、扔纸飞机等简单动作，逐步提升肩关节的灵活性。

肩部伸展

专为5～6岁幼儿打造的15分钟左右的运动技能训练，在课程中有针对性地设计了各种趣味肩部伸展游戏，帮助幼儿提高上肢的活动范围和灵活性。

课程目的

通过充满趣味的方式，促进孩子肩关节的正常发育，增强其肌肉力量和关节灵活性，培养良好的运动习惯和身体感知能力。同时激发孩子对体育活动的兴趣，提升他们在游戏中的协作和竞争意识，为今后参与各类体育活动奠定基础。

24
直腿上抬

训练介绍

　　直腿上抬是一种髋部灵活性测试，主要反映孩子髋部的运动范围和下肢的柔韧性，这对于孩子跑步、踢球等运动非常重要。

　　下面来测试孩子直腿上抬的能力吧。

测试准备

❶ 测试前应进行适当热身，避免受伤。

❷ 规范讲解测试指令，以确保测试结果的准确性。

❸ 过程中若出现疼痛，应立即停止。

📋 测试评估

标准： 测试者平躺在垫子上，一条腿保持伸直并贴地，脚尖勾起，另一条腿先屈膝抬起大腿至垂直于地面，然后将小腿伸直，同时保持脚尖勾起。当伸直后两腿的角度均大于90度时，判定为成功；若任意一条腿伸直后的角度小于90度，则判定为失败。

结果： 测试以"成功"或"失败"为结果。共有3次机会，以其中最好的一次为最终成绩。按照测试指令完成一次即为成功，3次均未完成为失败。

🔔 测试指令

准备动作

1️⃣ 身体平躺在拉伸垫上，双腿绷直，双脚勾脚尖，脚趾朝上。

2️⃣ 双臂放在身体两侧，双手掌心向上。

测试动作

① 一条腿保持伸直。

② 另一条腿屈膝抬起，大腿与地面垂直，小腿与地面平行。

③ 慢慢地将小腿向上伸直，保持3秒。

完成动作

① 抬起腿的踝关节至少高于另一侧大腿中部位置。

② 缓慢而稳定地抬腿，避免使用爆发力。

③ 放下腿部时，也要缓慢地放下，不要突然放松。

④ 左右腿各做一次。

日常训练建议

可以在此基础上调整运动难度。例如，尝试仰卧时左手抓住右脚前脚掌（或左右交换）并伸直腿部，同时保持身体平衡与稳定，以增加挑战性。也可以通过用脚向上踢气球、沙包等游戏，在趣味中逐步提升髋部的灵活性。

在运动中，孩子学会坚持，把困难当作成长的阶梯；家长在陪伴中重温童真，将温馨化作永恒的记忆。让家庭亲子运动成为联结彼此的纽带，共同拥抱每一个美好的明天。

直腿上抬

专为5～6岁幼儿打造的15分钟左右的运动技能训练，在训练中有针对性地设计了各种下肢灵活性游戏，帮助幼儿提高髋关节的活动范围。

课程目的

帮助孩子增强腿部肌肉柔韧性，提高运动能力和身体协调性，促进骨骼发育。科学的训练对孩子的生长发育十分有益。

素质训练

素质训练二　00:36